ADMINISTRACIÓN POR OBJETIVOS

Alcance sus metas con empleados motivados

Por Renaud de Harlez
En colaboración con Anne-Christine Cadiat
Traducido por Marina Martín Serra

Economía y empresa   en50MINUTOS.es

en50MINUTOS.es

LAS CLAVES PARA EL ÉXITO

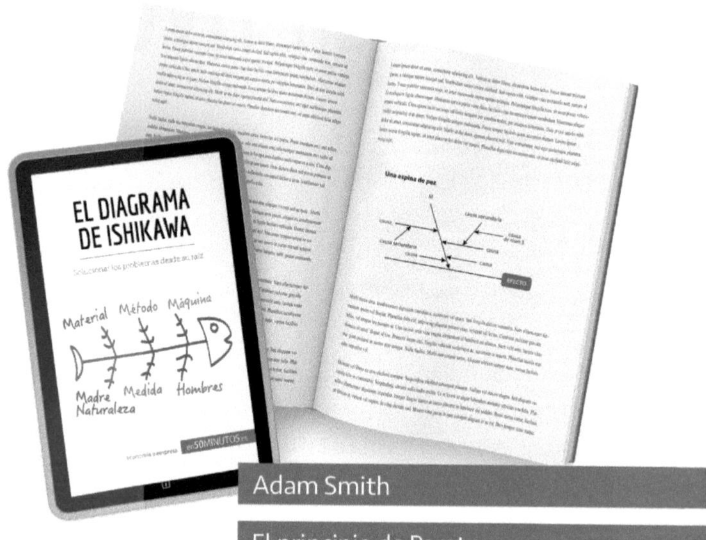

Adam Smith

El principio de Pareto

El estrés laboral

La pirámide de Maslow

www.en50minutos.es

ADMINISTRACIÓN POR OBJETIVOS

- **¿Denominaciones?** Administración por objetivos (APO) o *Management by Objectives* (MBO), gestión por objetivos, dirección por objetivos
- **¿Utilidad?** El modelo lo usan en el mundo de la empresa los DRH (directores de recursos humanos), los directores de ventas, los responsables operativos, los gestores de proyectos, los consultores internos o externos, etc. Permite principalmente:
  - a los mánagers, fijar objetivos de resultados precisos en las tareas que hay que realizar en el seno de la empresa, analizar los resultados y atribuir recompensas en consecuencia;
  - a los empleados, fijarse sus propios objetivos de rendimiento.
- **¿Por qué es eficaz?** Este tipo de gestión es eficaz, porque establece un marco desde el cual el mánager puede negociar con el empleado, definir el rumbo y fijar los objetivos que hay que alcanzar. Aporta coherencia a toda la jerarquía de la empresa. Además, en este sistema, cuando el empleado ve que se le asignan, con su consentimiento, objetivos más complejos, esto resulta en un nivel de rendimiento siempre mayor al de los individuos a los que se asignaron objetivos más simples.
- **¿Palabras clave?** Gestión, objetivo, prácticas de gestión

La administración por objetivos nace en un contexto de crecimiento económico. Numerosas empresas americanas, poco organizadas hasta entonces, sufren a partir de 1950 expansiones y descentralizaciones. Esto comporta que haya que revisar su organización.

El proceso de la APO lo establece el americano de origen austríaco Peter Drucker (teórico de la gestión, 1909-2005), mientras observaba la organización de empresas como *General Motors*. En 1954, publica la obra *The Practice of Management* en la que un capítulo, *Management by Objectives and Self Control*, da una primera definición del principio. Quince años más tarde, John Humble (consultor inglés) aporta igualmente su grano de arena con su propuesta de una metodología de la APO.

Finalmente, Octave Gélinier (economista francés, 1916-2004) propone su propia versión de la APO: la dirección participativa por objetivos (DPO). La articula alrededor de tres elementos: los objetivos, las estructuras y los procesos participativos. La APO cobra entonces una verdadera dimensión de sistema de gestión y no de sistema de organización.

DEFINICIÓN

La administración por objetivos (APO) es el proceso por el que un responsable jerárquico y sus empleados definen objetivos y negocian los medios y los plazos necesarios para alcanzarlos.

La APO es una herramienta a disposición de los mánagers que les permite fijar un marco de negociación con el empleado. Se utiliza para aumentar el rendimiento de una organización, transformando objetivos colectivos en objetivos específicos y muy concretos, tanto para las unidades organizativas como para los individuos. Los resultados se analizan con frecuencia y se atribuyen recompensas en consecuencia. La APO es el único proceso de gestión que permite la responsabilización verdadera de los individuos, que pueden hacerse cargo de su trabajo y organizarlo como deseen. Así, como han participado en la definición de los objetivos, están más motivados y se preocupan por cumplir con su(s) misión(es).

TEORÍA Y PRESENTACIÓN DEL CONCEPTO

¿QUIÉN LO UTILIZA?

Desde los mánagers hasta el director general —en diferentes áreas de gestión, desde el marketing hasta las finanzas, pasando por la producción y los recursos humanos—, cualquier responsable puede aplicar una administración por objetivos en su organización. Como se indica en la introducción, la APO es el proceso por el que un responsable jerárquico y sus empleados definen objetivos y negocian los medios y los plazos necesarios para alcanzarlos.

Aparecida bajo el impulso de las obras de Peter Drucker, la APO y su uso cambian mucho en función del autor que la conceptualiza.

Aparecen dos visiones:

- La APO se puede interpretar de manera «tecnocrática», centrándose en objetivos financieros. Todas las miradas se dirigen entonces hacia el volumen de negocios, hacia los costes o hacia un presupuesto que hay que respetar. Cada departamento ve cómo se le asignan objetivos cuantitativos que tiene que alcanzar. Cuando uno de los objetivos no se cumple, el fallo recae sobre los responsables —en este caso concreto, los mánagers y la dirección general que utilizan la APO— y se cuestionan los objetivos iniciales. Estos se pueden establecer, por ejemplo, en el mismo momento en el que se realiza la confección del presupuesto: cada departamento ve entonces cómo se le asignan objetivos concretos que hay que alcanzar y será evaluado al cabo de un periodo de tiempo predefinido (por ejemplo, todos los trimestres).

- La segunda visión de la APO se centra en la relación empresarial. Consiste en aplicar un momento formalizado entre los mánagers y su personal. El reto de la APO en este contexto no es fijar objetivos ni hacer un balance. Estos dos parámetros son más bien un pretexto utilizado para evaluar el trabajo realizado entre el mánager y su personal. En este caso, la aplicación de la APO se confía a la dirección de recursos humanos, que no se basa en objetivos concretos que alcanzar. Las entrevistas, organizadas de forma bilateral, representan un momento privilegiado para hablar de los objetivos asignados a los empleados, objetivos que no se imponen sobre la base de la estrategia global de la empresa como en la primera visión. Se fijan según los puntos fuertes y los puntos débiles de los empleados. Todo se basa en el diálogo.

¿QUÉ VISIÓN DE LA APO HAY QUE PROMOVER?

¿Hay que centrarse en la planificación financiera o en la relación empresarial? Aunque estas dos visiones no son incompatibles, es difícil aplicarlas simultáneamente. La APO es antes que nada una herramienta que aplican actores —mánagers, director general, director ejecutivo. Y son estos tres actores los que tienen que escoger la visión de la APO que quieren privilegiar.

¿Cómo es un programa de APO?

Hay cuatro ingredientes que forman un programa de administración por objetivos:

- (A) una validación de los objetivos específicos;
- (B) una toma de decisiones participativa;
- (C) un período de aplicación establecido desde el principio;
- (D) una evaluación (*feedback*) del rendimiento que hay que aplicar.

A título ilustrativo, nos interesamos ahora por una empresa que quiere ampliar sus actividades.

- Hay que establecer objetivos específicos y concretos (A) para responder a esta demanda. En el caso de un aeropuerto, el programa de APO podría, por ejemplo, determinar que es necesario aumentar el número de clientes en un 3,5% mientras que el número de puertas de embarque pasará de 12 a 14 a lo largo del año, y que hay que reactivar la actividad de transporte aéreo del aeropuerto mediante la compra de dos nuevos edificios y la renovación de cinco aviones más antiguos.
- La toma de decisiones tiene que ser participativa (B). Los mánagers de los diferentes departamentos del aeropuerto deciden conjuntamente objetivos que hay que alcanzar y el período concedido para hacerlo.
- Los mánagers consideran entonces que, para alcanzar los objetivos mencionados anteriormente, se necesitarán tres años. El tiempo de aplicación se detiene por lo tanto desde el inicio (C).

- Finalmente, para este programa, hay que prever una evaluación (D) del rendimiento en relación con los objetivos. Los directores del aeropuerto van a organizar reuniones con sus mánagers y éstos a su vez se reunirán con los empleados de su departamento. Este balance no se realiza únicamente al final del período concedido para alcanzar los objetivos definidos: a los mánagers y a los empleados se les tienen que asignar objetivos concretos de manera regular para medir y controlar sus acciones. Se organizan reuniones de evaluación para analizar la progresión del programa y para recopilar las opiniones de los jefes y de sus subalternos. Igualmente, se pueden atribuir recompensas cuando se obtiene este *feedback*.

El programa de APO

¿ES REALMENTE EFICAZ ESTE SISTEMA?

Responder a una pregunta semejante no es fácil. Existen muchas obras que destacan opiniones contrarias a la APO. No obstante, la mayoría están de acuerdo con la siguiente observación: la aplicación de la APO puede tener un efecto positivo en el rendimiento de los trabajadores en determinadas condiciones.

Es necesario que los trabajadores acepten los objetivos que se persiguen. Si se cumple con esta condición, la fijación de objetivos más altos provoca un rendimiento superior al de los individuos que recibieron objetivos más fáciles. Incluso si las personas que aceptan estas misiones no siempre las cumplen, a menudo incrementan su nivel de rendimiento. Para alcanzar este resultado, hay que considerar tres parámetros:

- **la necesidad del *feedback*.** Para mejorar el rendimiento, se tiene que transmitir un *feedback* eficaz a la persona incumbida a su debido tiempo. Éste permite medir y darse cuenta de los esfuerzos que el individuo ha hecho, pero también adaptar el nivel de dificultad —demasiado elevado o demasiado bajo— de los objetivos.
- **la participación.** Los objetivos fijados de mutuo acuerdo con las personas que tienen que cumplirlos, ¿se alcanzan con más frecuencia que cuando es la dirección quien los impone? Por sorprendente que pueda parecer, los estudios demuestran que no existe ninguna diferencia entre los dos casos. Se decidan de mutuo acuerdo o vengan impuestos, los objetivos se alcanzan a un nivel similar. Para este punto, la participación no es un factor determinante. Lo principal es que las personas acepten los objetivos fijados y no que participen en su definición. Aun así, hay que precisar que definir objetivos de mutuo acuerdo permite a los individuos desafiarse a ellos mismos e incluso a veces fijarse objetivos superiores a los esperados por la dirección.

- **una implicación de los directivos.** Es igualmente necesario que los directivos de la empresa se impliquen en este proceso, para permitir que los mánagers a cargo de los departamentos dispongan de toda la confianza necesaria para llevarlos a cabo.

EL LUGAR DE LOS EMPLEADOS EN LA APO

Habrá quedado claro que para aumentar el rendimiento de una empresa mediante la APO, el personal tiene que aceptar los objetivos establecidos. También es necesario que los mánagers encargados de cada departamento expliquen claramente las tareas que hay que llevar a cabo y que contribuyan a su consecución. Fijar estos objetivos representa una competencia de gestión fundamental y, para lograrlo, hay que seguir ciertos pasos.

¿Qué hay que hacer?

A cada empleado se le asignan tareas y objetivos que hay que realizar. La repartición de estos se puede hacer en función de la cualificación del empleado, por ejemplo.

¿Cómo estimular a los empleados?

Antes que nada, hay que establecer el nivel de rendimiento del individuo en este cargo. Luego, hay que fijar el objetivo que tiene que alcanzar y establecer el periodo que se le concede para lograrlo. El mánager debe entonces analizar, sobre bases realistas, los plazos necesarios para su consecución.

Permitir la participación activa del empleado

Incluso si el capítulo precedente nos ha enseñado que el nivel de rendimiento de los empleados no cambia si los objetivos los impone la dirección o si se establecen de mutuo acuerdo, hacer participar al empleado en su aplicación representa una ventaja: los acepta más fácilmente. Sin embargo, esta participación tiene que ser sincera. Si un mánager se toma la molestia de consultar al empleado para establecer los objetivos, le hará falta realmente tener en cuenta su opinión. Si esto no se produce, el rendimiento del empleado puede verse afectado.

Cada objetivo tiene sus prioridades

Hay que establecer una jerarquía en los objetivos fijados y clasificarlos por grados de dificultad e importancia para incentivar que los trabajadores actúen de forma ordenada. Esto permite, por un lado, evitar que algunos adopten únicamente los objetivos fáciles y desatiendan los puntos más importantes del plan establecido y, por el otro, ver qué empleados se atreven con las misiones más complicadas (incluso si finalmente, los objetivos no se cumplen).

El imprescindible *feedback*

Se tienen que organizar reuniones de manera regular entre los individuos y su superior para que evalúen el trabajo que ya se ha llevado a cabo. Así, los empleados pueden saber si los esfuerzos que han hecho son suficientes con respecto a lo que se les exige.

La recompensa final

Los empleados quieren lógicamente ver sus esfuerzos recompensados. Sin embargo, es importante hacerles entender que las recompensas están directamente relacionadas con el número de objetivos alcanzados y no sólo se miden con la cantidad de horas trabajadas. De este modo, el nivel de satisfacción de los empleados tenderá a aumentar.

LÍMITES DEL MODELO Y EXTENSIONES

LÍMITES Y CRÍTICAS DEL MODELO

- **Incertidumbre del sector**. La APO conoce algunos límites cuando se aplica a un sector demasiado inestable, porque la aplicación del modelo se complica tanto que se vuelve ineficaz. Las áreas relacionadas con la creatividad —la innovación, la investigación y desarrollo, la producción artística, etc.—, por ejemplo, son bastante incompatibles con el modelo, ya que es difícil definir sus objetivos. Un investigador, ¿puede realmente organizar su investigación basándose en objetivos que alcanzar? Teniendo en cuenta su trabajo, esto no parece muy pertinente.
- **Evolución de las estructuras de trabajo**. La empresa se aleja poco a poco de los sistemas de organización tradicionales: los trabajadores se vuelven más versátiles, dependen cada vez más de los otros en los objetivos que tienen que alcanzar, están vinculados con más unidades del organigrama organizativo, etc. Estos cambios ponen en peligro la APO, puesto que el trabajador ya no solamente está vinculado a un único mánager —el vínculo jerárquico deja de ser único y los objetivos ahora ya no los fija solamente una persona, lo que hace que el uso de la APO se vuelva enormemente complejo.
- **Evolución del entorno de trabajo**. Nuestra sociedad ha vivido muchas evoluciones desde los años del nacimiento de la APO. En el momento de su creación, los mánagers desarrollaban planes a largo plazo, convencidos de la llegada de días mejores —lo que resultaba en planes sistemáticamente demasiado optimistas. Por otra parte,

mientras tanto, las crisis se han multiplicado (ej.: las crisis energéticas a principios de los años setenta o la crisis económica de 2009). También han aparecido evoluciones, entre las que encontramos múltiples avances tecnológicos, que han alterado el orden de las cosas y, con ello, las previsiones de los mánagers, cuyos planes establecidos con antelación no podían mantener el rumbo en un entorno totalmente diferente.

Más allá de los límites estructurales del proceso, la APO tiene sus detractores. Uno de ellos es William Edwards Deming (físico y estadístico americano de formación, 1900-1993). Según él, la aplicación de la APO tiene un impacto negativo en la calidad del trabajo de los empleados que están sometidos a ella: el empleado busca cumplir con su misión a cualquier precio, sin hacerlo siempre de manera cualitativa. Otros afirman que, aunque la APO puede estimular el logro personal, no es necesariamente beneficiosa para el trabajo en equipo: el trabajador puede dedicarse demasiado al trabajo que tiene que realizar y relegar a un segundo plano los objetivos generales de la empresa.

En la práctica, se pueden solucionar algunos de estos problemas. Para lograrlo, los mánagers deben insistir en la calidad que hay que aportar al trabajo hecho. Por ejemplo, un vendedor de coches no solamente se tiene que interesar por la cantidad de unidades vendidas, sino también por la venta de modelos de alta gama. Así, para evitar alejarse de los objetivos, los responsables deben continuamente comprobar la actividad y revisar los objetivos por si estos se volvieran menos pertinentes.

EXTENSIONES Y MODELOS CONEXOS

Los objetivos SMART

Es más un recurso nemotécnico que una extensión real del modelo de la APO. Sin embargo, el método SMART lo utilizan con frecuencia los mánagers para llevar a cabo la gestión de sus proyectos. Además, este método se puede integrar a una administración por objetivos. Un objetivo incluye un indicador que permite medir el rendimiento individual y colectivo. Este indicador de rendimiento tiene que ser específico, medible, alcanzable, realista y delimitado en el tiempo (conceptos que en inglés forman el acrónimo SMART).

Administración participativa

Esta concepción de la gestión va en contra de la visión científica del trabajo y de su visión limitada del ser humano. La administración participativa se construye alrededor de la idea de que el trabajador no es una simple herramienta, sino más bien un sujeto psicoafectivo. Asimismo, la empresa es un lugar en el que nacen representaciones sociales. Los teóricos de esta escuela afirman que es importante desarrollar «la dimensión humana de la empresa». Es el nacimiento de los círculos participativos, o incluso de los buzones de ideas. Lo que se esconde detrás de esta evolución es el hecho de que un dirigente conseguirá alcanzar sus objetivos más fácilmente si implica a su equipo en ellos. Para apoyar esta organización, se tienen que utilizar principios vinculados a la administración equitativa.

Administración equitativa

El principio de la administración equitativa se basa en el equilibrio entre el rendimiento económico y el respeto del individuo. Esta concepción tiene por objetivo establecer una relación «win-win» (de beneficio mutuo) entre el jefe y el empleado. Al optar por este tipo de administración, la empresa quiere aplicar una dinámica colectiva ambiciosa y útil, basada en una organización clara, adaptada, coherente y evolutiva. La principal ventaja de esta concepción es que permite estimular la energía y el talento del equipo. Las relaciones interpersonales están basadas en el respeto mutuo y el reconocimiento, y no en un principio jerárquico. Finalmente, la administración equitativa favorece una gestión proactiva y eficiente del cambio y un comportamiento ético y cívico.

Administración por valores

Este tipo de administración hizo su aparición antes que la APO. En cierto modo, es la teoría que acompaña a la noción de cultura de empresa. Es importante entender que este tipo de administración no se aplica con el objetivo de cambiar los valores de una empresa, porque no se trata aquí de modificar la cultura de una empresa. Al contrario, el principio fundador de la administración por valores se basa en utilizar la cultura de esta empresa para mejorar su rendimiento.

Administración por competencias

Como lo indica su nombre, este tipo de administración se basa en las competencias individuales para dirigir la empresa, sin por ello tratarlas o desarrollarlas. Así, se le pide

a cada empleado que desarrolle uno o varios comporta-
mientos particulares por el bien de su empresa. El objetivo
de esta iniciativa es reforzar el capital humano del equipo,
lo que implica un trabajo cualitativo de los recursos humanos —poner de relieve las competencias específicas de cada
empleado por el bien del equipo.

APLICACIÓN DEL CONCEPTO

CONSEJOS Y BUENAS PRÁCTICAS

Este capítulo incluye todas las etapas que hay que seguir para aplicar eficazmente el proceso de la administración por objetivos. Cada etapa viene ilustrada por ejemplos concretos de su aplicación.

El planteamiento del objetivo

Esta primera etapa consiste en realizar una descripción del resultado concreto que se quiere obtener y en prever el medio de evaluación que permitirá medir y verificar si el objetivo inicial se ha cumplido. En esta fase, la reflexión se alimenta con las respuestas a tres preguntas (quién, qué y cuándo).

Ejemplo:

- ¿Quién? Una web para pedir platos en línea
- ¿Qué quiere? Aumentar sus clientes en un 15%
- ¿Para cuándo? Para dentro de un año

Especificación del objetivo

El objetivo mencionado anteriormente se va a especificar ahora, concretando sobre todo los medios de acción, las herramientas y los soportes necesarios para alcanzarlo. Se nombra entonces a uno o varios responsables para alcanzar lo(s) objetivo(s), y se establecen plazos intermedios.

Ejemplo: nuestra web para pedir platos en línea decide utilizar la publicidad en Internet para lograr su objetivo.

- Se nombra a un responsable para supervisar la compra de espacios publicitarios en varias webs que dependen de Google.
- Se planea una primera evaluación de los resultados al final de un periodo de tres meses.

Seis criterios para asegurarse de la exactitud del plan

Cuando se definen los objetivos, hay que respetar seis criterios:

- la legibilidad;
- la pertinencia;
- la mensurabilidad;
- el vencimiento;
- la viabilidad;
- la aceptación.

Ejemplo: en el caso de nuestra empresa, el responsable del departamento de publicidad tendrá que hacerse las preguntas que se presentan a continuación.

- El resultado obtenido, ¿es concreto, identificable, comprensible y deja lugar a la interpretación?
- ¿Es útil para la política de la empresa, coherente con las otras decisiones?
- ¿Integra indicadores de medida que lo hacen controlable?
- ¿El vencimiento se indica con una fecha exacta en la que se tendrá que haber alcanzado el objetivo así como con

un plazo para la realización de cada medio de acción?

- Los medios de acción intermedios (fase de especificación), ¿son lo suficientemente concretos, los responsables tienen la capacidad de realizarlos?
- Las personas encargadas de la consecución del objetivo, ¿están realmente de acuerdo?

El control de estos principios se efectúa a través de dos medios principales: la regulación del proceso y la medición del resultado.

Cuando se ha planteado todas estas preguntas, el mánager encargado del proyecto contacta a su equipo con el objetivo de organizar reuniones para estimular la toma de decisiones participativa. En el caso de la empresa mencionada anteriormente, se organizarán reuniones con todo el equipo de marketing. Cada uno podrá entonces expresar su opinión sobre el plan desarrollado. En esta fase es importante tener en cuenta el impacto de estas reuniones, porque el mánager que las habrá organizado y preparado con detenimiento espera obtener resultados que puedan completar el plan elaborado por la empresa.

El *feedback*

No solamente se tiene que obtener *feedback* al final del plazo determinado para alcanzar los objetivos. Se pueden programar reuniones de acompañamiento a lo largo del proceso para darse cuenta de la viabilidad de los objetivos fijados en función de la carga de trabajo que los empleados pueden asumir.

Ejemplo: las reuniones intermedias se organizan entre el mánager encargado del proyecto de publicidad y las otras direcciones. Estos encuentros les van a permitir evaluar si los recursos destinados al departamento son suficientes para alcanzar los objetivos que se le han asignado.

Las recompensas

Si el trabajo efectuado es de buena calidad, se puede recompensar. Además, es importante que el empleado, al que se le asignaron objetivos, se dé cuenta de que esta recompensa está directamente relacionada con el cumplimiento de éstos.

ESTUDIOS DE CASO

Tomemos como ejemplo la estrategia de aplicación de la APO, y de la gestión en general, en tres empresas que hoy en día son mundialmente conocidas. Quedará demostrado que estas concepciones pueden cambiar mucho según el modo en que los mánagers de estas empresas aplican las teorías relacionadas con la APO.

Apple

Steve Jobs (1955-2011) dirigió Apple en el periodo 1997-2011. Durante este tiempo, su estrategia organizativa se basaba esencialmente en una fuerte centralización de la información. Todos recibían las órdenes de una misma y sola persona, que hacía circular la información tal y como deseaba. En términos de administración por objetivos, los objetivos los establece entonces una persona que transmite sus peticiones a cada uno de sus mánagers:

- los objetivos de los mánagers, que dependen directamente de la persona en lo alto de la pirámide jerárquica, los impone su superior;
- los empleados siguen las órdenes de su mánager.

Los mánagers disfrutan de poca libertad para escoger los parámetros que hay que respetar para aplicar sus objetivos.

Este método ha demostrado su eficacia, pero sobre todo su rapidez. Cuando se presenta un error:

- el jefe puede detectar rápidamente el sector en el que se ha producido;
- el impacto en el comportamiento de los empleados de diferentes departamentos es directo: este tipo de evento forma la cultura de empresa y empuja a los empleados a proporcionar productos acabados ejemplares.

No obstante, el modelo tiene sus límites. Por ejemplo, resulta difícil para la persona que dirige la empresa gestionar todos los aspectos de ésta, sobre todo cuando los productos ofrecidos son variados. Una prueba de ello es que no todos los productos de Apple tenían la misma calidad: la primera generación de *Apple TV* o incluso *MobileMe* tuvieron menos éxito que otros productos de la firma.

Google

El método Google, pionero del «Liderazgo 2.0», propone un modo de aplicación de la APO diferente al del ejemplo precedente. La firma siempre ha sido conocida por su política de contratación que favorece mucho a los universitarios —sus creadores, los ingenieros informáticos Larry Page y Sergueï Brin, ambos nacidos en 1973, eran investigadores en el momento de su fundación. Durante un tiempo, el criterio más importante para la contratación en la empresa era la posesión de un doctorado, lo que garantizaba una gran autonomía de todos los empleados. Los investigadores están acostumbrados a trabajar solos, sin dejar de ser por ello muy productivos. El sistema de Google es así mucho más descentralizado que en la mayoría de las otras empresas: en vez de basarse en una línea jerárquica, se basa en un gran número de individualidades. Bajo algunos aspectos, este sistema ha sido muy eficaz, puesto que ha permitido que Google desarrolle numerosos servicios como *Gmail* o *Google Reader*. Tiene una menor necesidad de organización general y jerárquica, ya que el sistema se basa en la capacidad de cada individuo para fijarse sus propios objetivos.

Una vez más, este sistema tiene defectos. La empresa poco centralizada, sin dirección coordinada, en continuo movimiento y que reduce los esfuerzos aplicados a la nada, puede transformarse en un monstruo sin cabeza. En el caso que nos ocupa, los límites se han hecho notar especialmente:

- en el avance de algunos proyectos de la empresa. Por ejemplo, algunos servicios tenían una falta de interlocutores definidos claramente y parecían dispersarse.
- cuando la empresa creció y fue necesario revisar el sistema de organización en consecuencia. Desde entonces, Google cesó de contratar solamente a doctorandos y los

métodos de gestión y la forma de fijar los objetivos de la empresa han cambiado.

EN RESUMEN

- La administración por objetivos (APO) es el proceso por el cual un responsable jerárquico y sus empleados definen objetivos y negocian los medios y los plazos necesarios para alcanzarlos.
- Este concepto nace en los años cincuenta, cuando las empresas americanas tenían muchos problemas para que su organización fuera clara.
- Obras de referencia: *Management by Objectives* de Peter Drucker, *Management by Objectives in Action* de John William Humble y *Direction participative par objectifs* de Octave Gélinier.
- Ventaja: si la APO se aplica correctamente, permite aumentar el rendimiento de una organización y la satisfacción de los empleados.
- Inconveniente: este tipo de gestión es difícil de aplicar en un medio demasiado inestable y presenta dificultades para adaptarse a la evolución del mundo del trabajo.
- Extensiones: modelos SMART, administración participativa, administración por valores y administración por competencias.
- Consejos: seguir el método SMART (el objetivo tiene que ser específico, medible, alcanzable, realista y estar delimitado en el tiempo).
- La APO se dirige a los directores de recursos humanos (DRH), a los directores de ventas, a los responsables operativos, a los gestores de proyectos, a los consultores internos o externos, etc.

¡Tu opinión nos interesa!
¡Deja un comentario en la página web de tu librería en línea,
y comparte tus favoritos en las redes sociales!

PARA IR MÁS ALLÁ

FUENTES BIBLIOGRÁFICAS

- Alexandre-Bailly, Fréderique, Denis Bourgeois, Jean-Pierre Gruère, Nathalie Raulet-Croset, Christine Roland-Lévy y Véronique Tran. 2013. *Comportements humains et management*, 4.ª edición. Londres: Pearson.
- Amaury. 2012. "Management d'entreprise: trois exemples que tout oppose". *De geek à directeur technique*. 4 de julio. Consultado el 24 de noviembre de 2016. http://www.geek-directeur-technique.com/2012/07/04/management-dentreprise-trois-exemples-que-tout-oppose
- Delavallée, Éric. "Management par les objectifs". *Manager par les Objectifs. Comprendre et dépasser le management par les objectifs*. Consultado el 24 de noviembre de 2016. http://www.manager-par-les-objectifs.fr/
- Drucker, Peter. 1954. *The Practices of Management.* Nueva York: Harper & Row.
- Gélinier, Octave. 1980. *Direction Participative Par Objectifs*. París: Éditions Hommes et techniques.
- Guilbert, Pierre. 2008. *Le B.A.-Ba du management.* Bruselas: De Boeck, colección *Le Management en pratique.*
- Humble, John W. 1970. *Management by objectives in action.* Londres, Nueva York: McGraw-Hill Book Co Ltd.
- Pericchi, Jacques. 1992. *Guide du Management.* París: Édition du Seuil.
- Robbins, Stephen y David DeCenzo. 2004. *Management. L'essentiel des concepts et des pratiques*. Londres: Pearson

Education.
- Rodgers, Robert y John E. Hunter. 1991. "Impact of management by objectives on organizational productivity". *Journal of Applied Psychology*, vol. 76, n.º 2.
- Stahl, Robert. 2013. *Management, formation et travail en équipe. Pratiques issues du coaching et de l'intelligence collective*. Bruselas: De Boeck, colección *Le Management en pratique*.

¡APRENDER NUNCA ANTES FUE TAN RÁPIDO!

www.en50minutos.es

© **en50Minutos.es, 2016. Todos los derechos reservados.**

www.en50Minutos.es

ISBN ebook: 9782806274526

ISBN papel: 9782806285782

Depósito legal: D/2016/12603/514

Libro realizado por Primento*, el socio digital de los editores*